ACHT KLEINE PRÄLUDIEN UND FUGEN

für Orgel

früher Johann Sebastian Bach zugeschrieben

EIGHT LITTLE PRELUDES AND FUGUES

for Organ

formerly attributed to Johann Sebastian Bach

(BWV 553-560)

Herausgegeben von / Edited by

Friedrich Conrad Griepenkerl · Ferdinand Roitzsch

Neu durchgesehen von / Revised by

Hermann Keller

C. F. PETERS

FRANKFURT/M. · LEIPZIG · LONDON · NEW YORK

Acht kleine Präludien und Fugen

BWV 553

Herausgegeben von Friedrich Conrad Griepenkerl und Ferdinand Roitzsch
Neu durchgesehen von Hermann Keller

I

Praeludium

Fuga

8663

II

Praeludium

MANUAL

PEDAL

8668

6

Fuga

III

Praeludium

MANUAL

PEDAL

9

Fuga

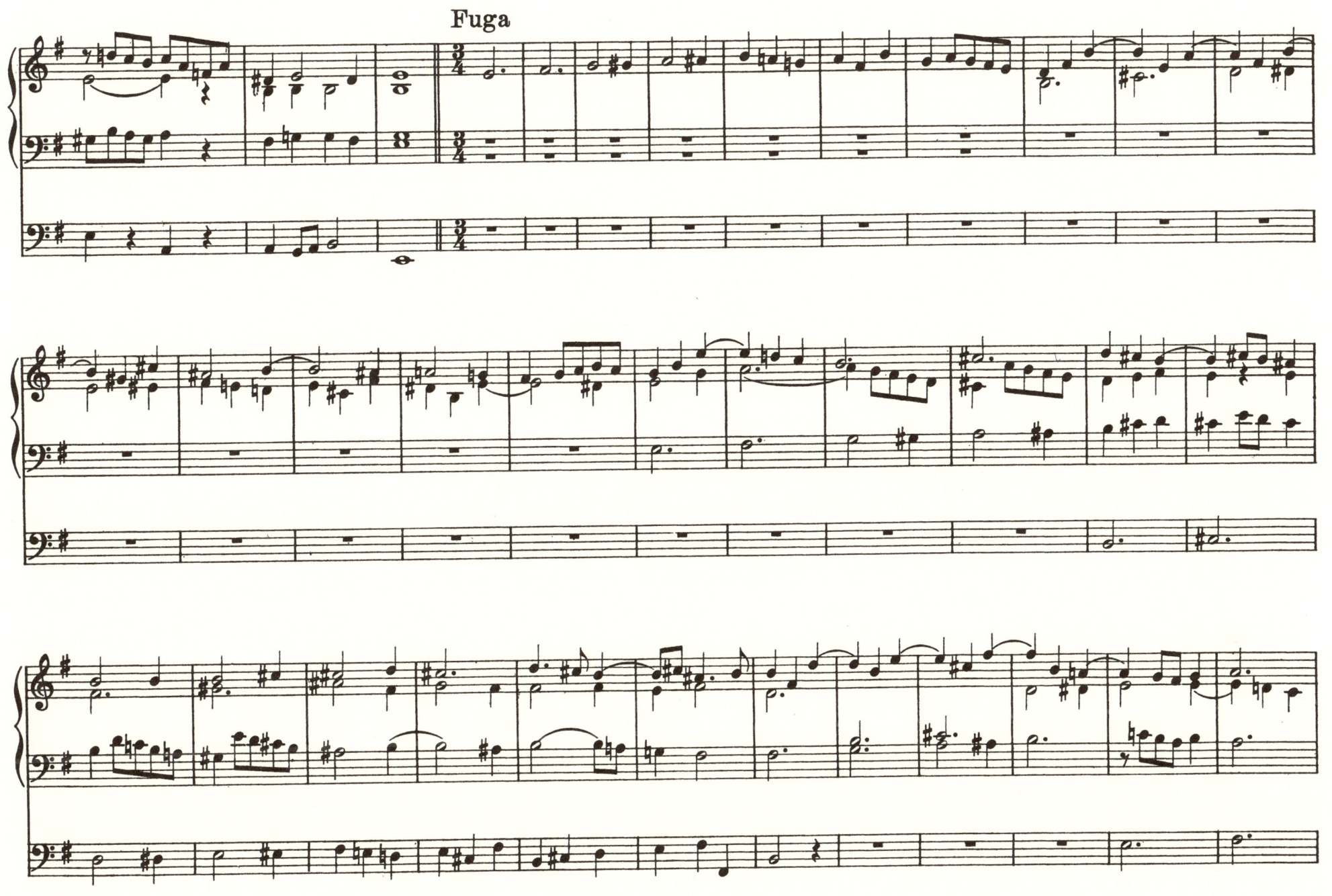

8663

IV

Praeludium

MANUAL

PEDAL

Fuga

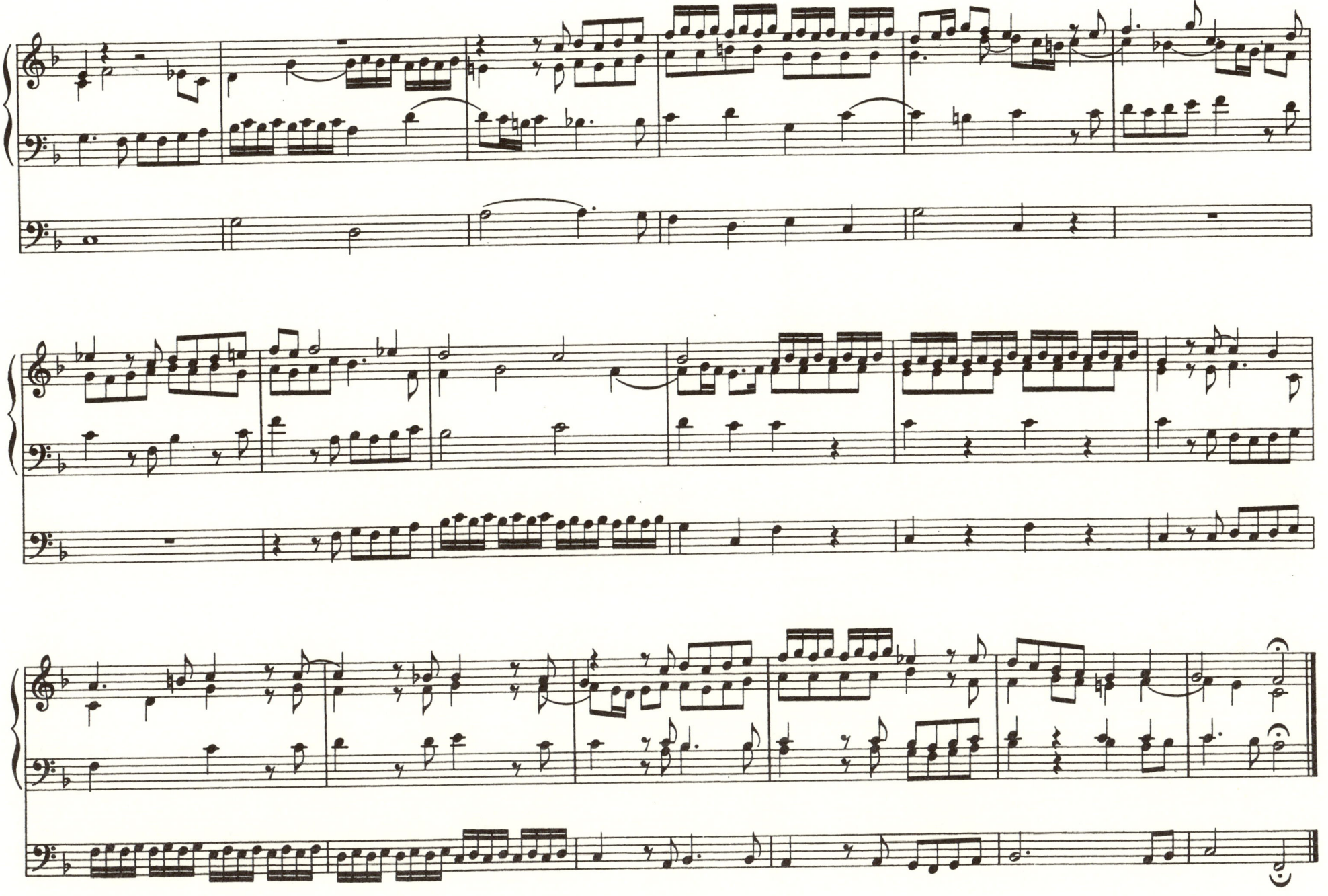

Praeludium
Grave

V

MANUAL

PEDAL

Fuga

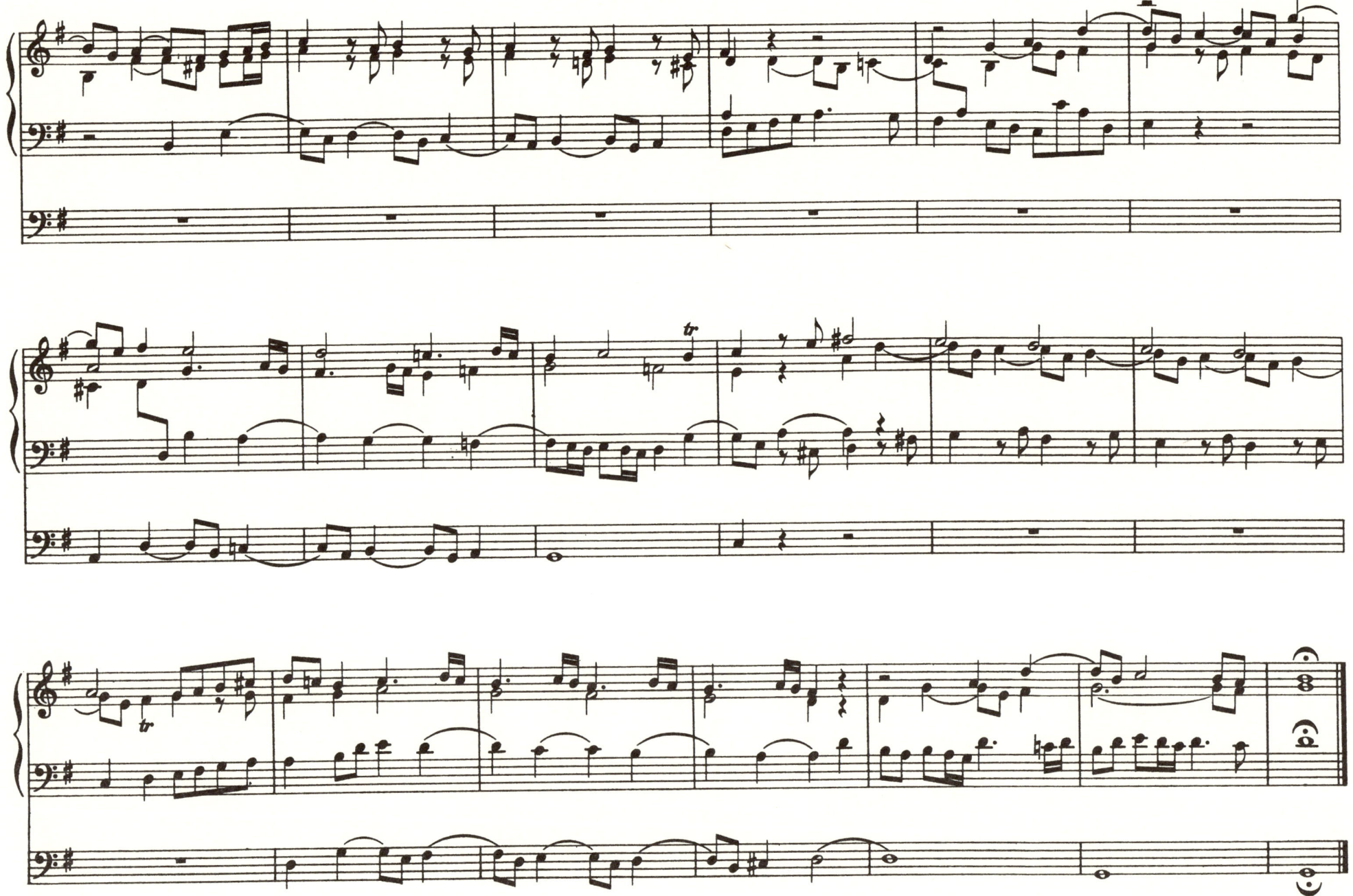

VI

Praeludium

18

Fuga

*) In der einzigen überlieferten Quelle (Staatsbibliothek zu Berlin, Preußischer Kulturbesitz) fehlt der – hier ergänzte – erste Halbtakt mit vier Achtelnoten des Fugenthemas. In einigen Ausgaben findet sich daher folgende Lesart:

VII

Praeludium

Fuga

VIII

Praeludium

MANUAL

PEDAL

24

Fuga

Acht kleine Präludien und Fugen (BWV 553-560)
aus dem Umkreis von J. S. Bach

Die „Acht kleinen Präludien und Fugen" (BWV 553-560), lange Zeit Johann Sebastian Bach zugeschrieben, sind in der Vergangenheit ein Streitpunkt in der Forschung gewesen. Bei Organisten als Unterrichtsliteratur geschätzt und populär, erfuhr die Sammlung in der Fachwelt die unterschiedlichsten Bewertungen: Am Anfang standen Philipp Spittas Einschätzung, die Werke trügen „durchweg den Stempel gebietender Meisterschaft"[1] sowie Albert Schweitzers Diktum: „Bis auf den heutigen Tag ist keine bessere Orgelschule geschrieben worden."[2] Nur wenig später sprach sich Johannes Schreyer heftig gegen die Autorschaft J. S. Bachs aus. Zur Wirkung des positiven Urteils Spittas heißt es bezogen auf Schweitzer, dessen Satz sei ein Beleg dafür, „welchen Schaden Spittas Urteil in diesem Fall angerichtet" habe.[3] Spitta sei zudem schuld daran, „daß diese Stümpereien in der monumentalen Ausgabe der Bachgesellschaft ediert worden sind".[4] In der Folge nahm die Diskussion um die „Acht kleinen" an Intensität zu, aber an Schärfe ab, seitdem weitgehend Einigkeit darüber herrscht, daß J. S. Bach die Sammlung nicht komponiert haben kann. Die Werke sind zwar spielerisch reizvoll, aber doch auch mit musikalischen Schwächen behaftet, die die Autorschaft Bachs fraglich erscheinen lassen. Schwerer jedoch wiegt die unzuverlässige Überlieferung. Hermann Keller schrieb bereits 1937: „Ihre geschichtliche Beglaubigung ist sehr schwach: nur eine einzige Abschrift, bei der dazu noch der Autorname Bachs mit einem Fragezeichen versehen ist! Wenn Bach sie für Schüler geschrieben hätte, wären wohl mehrere Abschriften auf uns gekommen."[5]

Inzwischen sind die Argumente um dem Komponisten mehrfach hin- und hergegangen, und es bleibt im Grunde bei dem, was Straube schon 1934 geschrieben hatte: „Alle diese Fragen werden eindeutig niemals beantwortet werden können".[6] Gleichwohl war diese Diskussion nicht unfruchtbar: Es hat sich gezeigt, wie wenig sinnvoll es ist, die Stücke gewaltsam mit einem festen Komponistennamen in Verbindung bringen zu wollen; vielmehr hat es sich als zweckmäßig erwiesen, sich ohne klare 'Zielvorgabe' auf den Stil der Werke einzulassen und über ein solches vorurteilsloses Herangehen den Versuch zu machen, sie zeitlich und womöglich auch regional einzugrenzen. Überlegungen dieser Art, wie sie in jüngerer Zeit etwa von Alfred Dürr[7] und Peter Williams[8] vorgetragen worden sind, scheinen eher geeignet zu sein, die Diskussion zu befördern: Dürr schreibt, als Komponist habe man sich „einen – durchaus nicht unbegabten – Kleinmeister zu denken [...], wie sie damals im Thüringisch-sächsischen Raum keineswegs selten anzutreffen waren."[9] Weiter heißt es, wenig optimistisch, die Autorfrage überhaupt noch klären zu können: „Die Werke derart talentierter eklektischer Kleinmeister sind noch wenig erforscht; Vater und Sohn Krebs sind nur zwei von vielen: Die Auswahl ist groß, die Zahl ihrer verschollenen Werke nicht minder. [...] Dabei wäre zu fragen, ob die irrtümliche Zuweisung an Johann Sebastian Bach nicht vielleicht auf einer bloßen Verwechslung der Vornamen beruht: Es wäre nicht das erste Mal, daß der berühmte Sohn der Familie auch für Werke weniger prominenter

Verwandter mit einstehen muß."[10] Williams datiert die Werke in die „Zeit um 1730-50 oder vielleicht sogar noch später."[11] An diese späte Datierung der Sammlung knüpft der Autor eine zusätzliche Überlegung, die in der Diskussion bislang keine wesentliche Rolle gespielt hat: „Eine solche Datierung würde es ermöglichen, die 'Acht kleinen Präludien und Fugen' als zusammengehöriges Werk eines einzelnen Komponisten anzusehen: jede frühere Datierung könnte denken lassen, daß verschiedene Hände Quell dieser stilistischen Vielfalt waren."[12]

Die Ausgangslage – acht Präludien und Fugen suchen einen Komponisten oder (als ein erster Schritt) eine kompositorische Heimat – bleibt interessant. Auch wenn die Sammlung mit einer sehr großen Gewißheit nicht von J. S. Bach stammen kann, so ist sie doch ein sehr wesentlicher Bestandteil der Rezeptionsgeschichte um Bachs Orgelwerk gewesen. Immer wieder sind Verbindungslinien zwischen den J. S. Bach sicher zuzuschreibenden Orgelwerken und den „Acht kleinen Präludien und Fugen" gezogen worden, die, als Ganzes betrachtet, viel Licht auf die deutsche Orgelmusik des frühen 18. Jahrhunderts geworfen haben. So werden die Werke auch weiterhin ein wichtiger Bestandteil der Wirkungsgeschichte J. S. Bachs bleiben; schon diese Überlegung rechtfertigt es, dem Interessierten den Notentext in einer Neuauflage mitzuteilen und diese, in Unkenntnis des tatsächlichen Komponisten, unter dem Namen des einstmals angenommenen herauszubringen. Die Sammlung bietet klingende 'Spielliteratur' aus dem Umkreis des großen Meisters, die nicht zuletzt aufgrund ihres hohen pädagogischen Wertes nichts von ihrer Anziehungskraft verloren hat.

Ulrich Bartels

[1] Philipp Spitta, *Johann Sebastian Bach*, Bd. I, Leipzig 1873, S. 398.
[2] Albert Schweitzer, *J. S. Bach*, Leipzig 1908, S. 256.
[3] Johannes Schreyer, *Beiträge zur Bach-Kritik*, Heft 1, Dresden 1910, S. 27.
[4] Ebd.
[5] Hermann Keller, *Unechte Orgelwerke Bachs*, in: Bach-Jahrbuch 1937, S. 66f.
[6] *Johann Sebastian Bach, Acht kleine Präludien und Fugen für die Orgel*, neue Ausgabe von Karl Straube, Peters, Leipzig 1934, Vorbemerkung.
[7] *Acht kleine Präludien und Fugen BWV 553-560 für Orgel, früher Johann Sebastian Bach zugeschrieben*, kritische Neuausgabe von Alfred Dürr, BA 6497, Kassel u. a. 1987.
[8] Peter Williams, *Johann Sebastian Bachs Orgelwerke*, Bd. 1, Mainz 1996, S. 239-249.
[9] Dürr, wie Anm. 7, S. III.
[10] Ebd., S. IIIf.
[11] Williams, wie Anm. 8, S. 240.
[12] Ebd., S. 241.

Eight Little Preludes and Fugues (BWV 553-560)
from the Circle of J. S. Bach

The Eight Little Preludes and Fugues (BWV 553-560), long attributed to Johann Sebastian Bach, were a bone of scholarly contention in the past. Valued and popular among organists as teaching material, the collection has been subjected to very wide range of scholarly verdicts, beginning with Philipp Spitta's view that the pieces "bear the stamp of a commanding master"[1] and Albert Schweitzer's dictum that "no better organ primer has been written to the present day".[2] Yet only a short while later Johannes Schreyer vehemently rejected the notion of Bach's authorship. Regarding Spitta's approving view, he point to Schweitzer as evidence "of the damage that Spitta's opinions have wrought in this affair".[3] Moreover, he continued, Spitta was to blame for having "these hodge-podges published in the monumental edition of the Bach Society."[4] Thereafter the debate on the "Little Eight" grew in intensity, only eventually to lose acrimonious barb in view of the almost unanimous conviction that J. S. Bach could not have written the collection. However delightful to play, the pieces are fraught with musical shortcomings that cast doubt on his authorship. Even more damaging is their unreliable manuscript tradition. As early as 1937 Hermann Keller wrote that "their historical pedigree is very weak: only one single copyist's manuscript in which, to make matters worse, Bach's name is followed by a question mark! If Bach had written them for his pupils they would surely have come down to us in several copies."[5]

Since then, the debates on the authorship of these pieces have swung to and fro without basically advancing beyond what Straube wrote as far back as 1934: "There will never be a definitive answer to any of these questions."[6] Nevertheless, the debates were not entirely unproductive: they revealed the pointlessness of trying to pin the pieces firmly to the name of a single composer. On the contrary, it has proved sensible to examine their style without a specific composer in mind and, taking this unbiased approach, to establish the date and perhaps even the geographical region of their origin. Arguments along these lines have recently been advanced by Alfred Dürr[7] and Peter Williams[8], and seem better suited to further the discussion. Dürr maintains that the composer we should be looking for was "a by no means untalented minor master ... of the sort that proliferated in Thuringia and Saxony in Bach's day".[9] Holding out scant hope of settling the question of authorship, Dürr continues: "The works of eclectic minor masters at this level of accomplishment are still largely unexplored. Krebs *père* and *fils* are only two of many possibilities. The selection is enormous, as is the number of their lost works... The question comes to mind whether the mistaken attribution to Johann Sebastian Bach might reside in nothing more than a misreading of the Christian names. It wouldn't be the first time that this famous scion of the Bach family has had to answer for works by his less celebrated relatives."[10] Williams places the pieces in the "period between 1730 and 1750, perhaps even somewhat later".[11] Drawing on this late date, he adds a thought that until now had played a minor role in the debates: "This dating makes it possible to view the Eight Little Preludes and Fugues as the unified work of a single composer: any earlier date might suggest that various hands were responsible for their stylistic diversity."[12]

This situation – eight preludes and fugues in search of a composer, or (as an initial step) a compositional home territory – retains its interest today. Although the collection is extremely unlikely to stem from J. S. Bach, it was nevertheless a key item in the later reception of his organ music. Connections have been drawn time and again between organ works securely established in the Bach canon and the "Little Eight" – connections which, taken as a whole, have shed much light on German organ music of the early eighteenth century. The pieces will thus continue to form an important part in our reception of Bach. This realization alone justifies our decision to provide interested musicians with a new edition of the musical text and, not knowing their actual composer, to publish them beneath the name of the man once thought to have been their author. The collection offers attractive teaching material from the immediate vicinity of the great master – material which, if only because of its high educational value, has lost none of its appeal today.

Ulrich Bartels

[1] Philipp Spitta: *Johann Sebastian Bach*, i (London, 1889, repr. 1992), pp. 399f.

[2] Albert Schweitzer: *J. S. Bach* (Leipzig, 1908), p. 256.

[3] Johannes Schreyer: *Beiträge zur Bach-Kritik*, i (Dresden, 1910), p. 27.

[4] *ibid.*

[5] Hermann Keller: "Unechte Orgelwerke Bachs", *Bach-Jahrbuch* 1937, pp. 66f.

[6] Preface to Johann Sebastian Bach: *Acht kleine Präludien und Fugen für die Orgel*, ed. Karl Straube (Leipzig: Peters, 1934).

[7] *Acht kleine Prädludien und Fugen BWV 553-560 für Orgel, früher Johann Sebastian Bach zugeschrieben*, ed. Alfred Dürr (Kassel, 1987), BA 6497.

[8] Peter Williams: *Johann Sebastian Bachs Orgelwerke*, i (Mainz, 1996), pp. 239-249.

[9] Dürr (see note 7), p. iii.

[10] *ibid.*, pp. iiif.

[11] Williams (see note 8), p. 240.

[12] *ibid.*, p. 241.

ORGELMUSIK DES 20. JAHRHUNDERTS

C. F. PETERS · FRANKFURT/M. · LEIPZIG · LONDON · NEW YORK

www.edition-peters.de · www.edition-peters.com